SOUVENIR

DE LA

BIBLIOTHÈQUE IMPÉRIALE PUBLIQUE

DE

ST-PÉTERSBOURG,

CONTENANT

DES GRAVURES ET AUTRES FEUILLES VOLANTES DU XVE SIÈCLE,

TROUVÉES ET PUBLIÉES

PAR

CHARLES RODOLPHE MINZLOFF,

CONSERVATEUR EN CHEF DE LA BIBLIOTHÈQUE IMPÉRIALE, PROFESSEUR AU LYCÉE IMPÉRIAL, MEMBRE DE LA COMMISSION ARCHÉOGRAPHIQUE DU MINISTÈRE DE L'INSTRUCTION PUBLIQUE ETC.

LEIPZIG:

F. A. BROCKHAUS.

1863.

LA SALLE DES INCUNABLES DE LA BIBLIOTHÈQUE IMPÉRIALE DE St PÉTERSBOURG.

SOUVENIR

DE LA

BIBLIOTHÈQUE IMPÉRIALE PUBLIQUE

DE

ST-PÉTERSBOURG,

CONTENANT

DES GRAVURES ET AUTRES FEUILLES VOLANTES DU XVᵉ SIÈCLE,

TROUVÉES ET PUBLIÉES

PAR

CHARLES RODOLPHE MINZLOFF,

CONSERVATEUR EN CHEF DE LA BIBLIOTHÈQUE IMPÉRIALE, PROFESSEUR AU LYCÉE IMPÉRIAL, MEMBRE DE LA COMMISSION ARCHÉOGRAPHIQUE DU MINISTÈRE DE L'INSTRUCTION PUBLIQUE ETC.

LEIPZIG:

F. A. BROCKHAUS.

1862.

A SON EXCELLENCE

LE BARON MODESTE DE KORFF,

CONSEILLER INTIME ACTUEL ET CHAMBELLAN DE S. M. L'EMPEREUR DE RUSSIE, SECRÉTAIRE D'ÉTAT, MEMBRE DU CONSEIL
DE L'EMPIRE ET DU CONSEIL DES MINISTRES, CHEF DE LA 2ème DIVISION (LÉGISLATIVE) DE LA CHANCELLERIE DE S. M.,
CI-DEVANT DIRECTEUR DE LA BIBLIOTHÈQUE IMPÉRIALE PUBLIQUE DE ST-PÉTERSBOURG, MEMBRE HONORAIRE DE L'ACA-
DÉMIE IMPÉRIALE DES SCIENCES DE ST-PÉTERSBOURG ET D'AUTRES SOCIÉTÉS SAVANTES, CHEVALIER DES ORDRES DE
ST. WLADIMIR DE 1ère CLASSE, DE ST. ALEXANDRE-NEWSKI EN DIAMANTS, DE L'AIGLE BLANC, DE S'e ANNE DE 1ère CLASSE
AVEC LA COURONNE IMPÉRIALE, DE ST. STANISLAS DE 1ère CLASSE ET COMMANDEUR DE L'ORDRE DE LA MAISON DE SAXE
ERNESTINE ETC. ETC.

MONSIEUR LE BARON,

Lorsque nous présentâmes ces feuilles, produit des recherches d'un
bibliophile, à Sa Majesté l'Impératrice, lors de Sa gracieuse visite à la
bibliothèque impériale, j'étais loin de prévoir que la publication définitive
de ces dessins fût destinée à Vous être offerte au moment de quitter cette
même bibliothèque, dont Vous avez été le chef vénéré pendant des années

trop courtes hélas! pour ceux qui ont servi sous Votre influence. Daignez donc, Monsieur le Baron, accepter cette dédicace en souvenir de ces douze années bienfaisantes qui resteront dans la mémoire de tous ceux qui ont été honorés du titre de Vos collègues.

J'ai l'honneur d'être

de Votre Excellence

le très-humble et très-devoué serviteur

R. MINZLOFF.

St-Pétersbourg,
le 8 Décembre 1861.

UNE ANCIENNE LIBRAIRIE.

DESCRIPTION DE LA SALLE DES INCUNABLES.

ransportons-nous un moment en imagination dans la seconde moitié du XVe siècle, du siècle typographique, comme on l'appelle, pour le distinguer de tous les autres siècles. Frappons à la porte du couvent des Bénédictins du Calvaire, dans l'ancien palatinat de Sandomir, ou bien à celle du monastère du Saint-Sépulcre à Miechow. Il nous sera permis de pénétrer dans une de ces retraites silencieuses, véritables ateliers de la science où, pendant le moyen-âge, s'élaboraient si lentement de précieux volumes.

Le frère porte-croix André arrive de Przeworsko en Galicie. Il ramène un chariot pesamment chargé de livres, mais de livres bien étranges, qui ne sortent d'aucun cloître, qui ne sont pas copiés à la main, en un mot, chose incroyable! on prétend que ce sont des livres imprimés.

I

Incontinent la cloche se fait entendre; toute la communauté se rassemble pour apprendre la grande nouvelle. Les frères convers plient sous le faix des prodigieux volumes qu'ils déposent sur les tables du réfectoire. Les moines groupés autour dévorent d'un regard moitié curieux, moitié incrédule, ces livres extraordinaires, et chuchotent entre eux. Ce que l'on raconte depuis quelque temps de ces sorciers d'Allemands, serait-il donc vrai? Quoi! il y aurait bien réellement des livres dont la main d'homme n'aurait pas tracé les caractères? L'abbé, plus instruit que les autres, entr'ouvre en souriant un des plus gros volumes; là, c'est dit clairement au dernier feuillet: Ce livre a été fait sans un trait de plume, *absque calami exaratione sic effigiatus*; il en saisit un autre et lit: Ce livre a été fait avec une main d'étain, *manu stannea!* Et tout cela se serait opéré sans l'assistance de l'esprit malin, de manière naturelle et sans offenser Dieu?

Le premier moment accordé à l'ébahissement, on passe attentivement en revue ces volumes énigmatiques l'un après l'autre. Ici c'est la *Bible de Gutenberg*; à côté le *Missel de Cracovie* où l'on reconnaît les mêmes caractères; là c'est le *Psautier de Mayence*, daté de 1457, avec ses grandes et ingénieuses initiales; le *Traité des devoirs de Cicéron*, les *Institutes* de *Justinien*, de 1468, où *Schoeffer*, parlant de *Gutenberg* et de *Fust*, les proclame inventeurs de la typographie, comme *librorum insignes protocharagmaticos;* plus loin c'est le chef-d'oeuvre de *Schoeffer*, l'énorme et indispensable recueil des *Décrets de Gratien*, daté de 1472, et un autre ouvrage précieux, *l'Exposition des Psaumes* par *Torquemada, Cracis impressa.* Est-ce possible qu'un des sorciers allemands soit venu exercer son art jusqu'en Cracovie?

Au spectacle de ces merveilles, plus d'une main de copiste, crispée par l'exercice constant de la plume, fit dévotement le signe de croix en rendant grâce au Seigneur.

Dans quel endroit assez digne loger ces trésors littéraires? Nos bons moines s'occupèrent de leur donner la meilleure hospitalité. Jusqu'à cette époque, deux étroites planches dans un angle des archives du couvent avaient suffi pour supporter toute la bibliothèque monastique. Dans ces temps où, pour une copie de Tite-Live, on vous offrait une jolie villa des bords de l'Arno, dix ou douze manuscrits un peu distingués, que l'on copiait et recopiait sans cesse, constituaient déjà une grande richesse bibliographique. La taille gigantesque des nouveaux venus, dont le nombre allait certainement s'accroître avec rapidité, exigeait, pour les caser, un bien autre local que le coin des archives. Le chapitre assemblé décida qu'on ne saurait en choisir un plus convenable que l'oratoire du révérend père abbé, la plus riante partie de sa demeure, le lieu où il aimait à se retirer avec ses intimes. C'était une salle assez spacieuse, construite en voûte et décorée avec un soin tout particulier. Les arcs-doubleaux peints en couleurs sereines, s'appuyaient sur un maître pilier formé de quatre colonnes gracieuses surmontées de chapiteaux fantastiques. Les vitraux des fenêtres en ogive répandaient un clair-obscur magique. On fit construire des corps de bibliothèque massifs, dont la corniche saillante, soutenue par des colonnettes tordues, touchait à la voûte. Une table solide, quelques chaises à dossier élevé, un de ces pupitres comme celui sur lequel les anciennes gravures nous montrent saint Jérôme écrivant, un banc auquel étaient enchaînés les livres dont on faisait un usage quotidien, complétèrent l'organisation de la nouvelle *librairie*. La bibliothèque du couvent était établie pour des siècles.

Ces siècles sont passés entraînant avec eux les premières bibliothèques claustrales, comme tant d'autres choses plus difficiles à emporter. Il en existe maintenant bien peu dans leur état primitif; bien peu ont eu la chance de ne pas changer de propriétaires; les évènements en ont dispersé la plupart, et ceux mêmes des vieux fonds qui entrèrent dans les grandes bibliothèques nationales, disparurent dans la masse infinie des nouveaux imprimés. Aussi pour l'amateur de livres est-ce une rare fortune, qu'il ne laisse assurément pas échapper, quand il lui est donné de pénétrer dans un de ces sanctuaires restés par hasard intacts, et d'y contempler, avec une pieuse émotion, une de ces bibliothèques proto-typographiques.

A coup sûr, personne n'ira supposer qu'une bibliothèque de ce genre existe dans la ville toute moderne de St. Pétersbourg; et cependant la partie la plus essentielle de plusieurs de ces *librairies* d'autrefois, leurs livres, se trouve déjà depuis assez longtemps dans cette capitale, grâce à une heureuse pensée de l'impératrice Catherine II. Ce sont précisement les mêmes volumes que le frère porte-croix André acheta, il y a quatre cents ans à Przeworsko, les notes autographes de l'abbé le constatent irréfragablement, les mêmes livres qui étonnèrent tant les bons religieux de Lysa Gora et de Miechow en 1480. C'était leur sort, avec quelques milliers de volumes semblables, d'être lancés de ce côté par les rafales de la guerre.

On a voulu récemment donner à ces respectables tomes l'illusion de se croire encore en plein siècle typographique et sous la protection du révérend père abbé. Une salle de la bibliothèque impériale, a pris tout l'aspect de celle où ils avaient écoulé paisiblement les premiers siècles de leur existence. Depuis les arabesques vivement coloriées qui tranchent sur le fond bleu de la voûte, jusqu'à la feuille d'acanthe qui s'attache capricieusement à la base attique du maître pilier, depuis les rosaces resplendissantes et les treffles des fenêtres ogivales, jusqu'aux ferrements lourds et hardiment découpés de la porte basse, tout y reproduit scrupuleusement la disposition de l'ancien oratoire des Bénédictins. Si, secouant la poussière de leurs linceuls, les savants pères revenaient au monde, ils retrouveraient l'inébranlable table de chène, les lourdes chaises, le pupitre hiéronymite, les mêmes livres attachés à leur chaîne de fer. Au-dessus des chapitaux du pilier qui supporte la voûte, on distingue les écussons rouges des premiers imprimeurs, et sur l'architrave, on lit en gros caractères: Les incunables de l'art typographique que Jean Gutenberg de Mayence a inventé; son nom ne peut périr. — *Incunabula artis typographicae. Johannis Gutenbergi Moguntini, inventoris, nomen perire nequit.* — Toute l'antique *librairie* est là, et si nous ne sommes pas dans le lieu même où elle s'est formée, nous la voyons pourtant telle qu'elle était jadis.

Vous croyez peut-être que je vous raconte un rêve? Allez faire une visite à la bibliothèque impériale de St.-Pétersbourg, et vous verrez.

EXPLICATION DES FAC-SIMILE.

SAINT JÉROME VISITÉ PAR UN LION,

IMAGE GRAVÉE EN BOIS VERS 1400. HAUTEUR 287 M., LARGEUR 190 M.

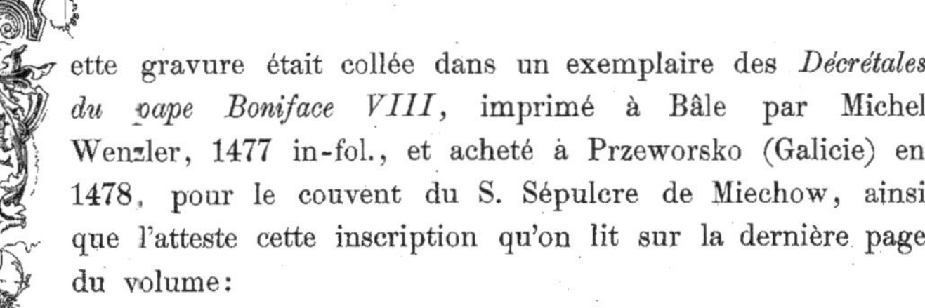

ette gravure était collée dans un exemplaire des *Décrétales du pape Boniface VIII*, imprimé à Bâle par Michel Wenzler, 1477 in-fol., et acheté à Przeworsko (Galicie) en 1478, pour le couvent du S. Sépulcre de Miechow, ainsi que l'atteste cette inscription qu'on lit sur la dernière page du volume:

Hoc opus constitutionum est comparatum per fratrem Andream cruciferum monasterii Mochoviensis ordinis sacro sancti Sepulcri dominici ierosolimitani sub regula Sancti Augustini in Przeworsko tunc temporis degentem. Anno domini M. cccc. lxx. octavo.

Avant d'être collée sur la garde des Décrétales, cette image a peut-être servi à orner quelque cellule de moine, car elle est doublée d'un feuillet de parchemin. Les traits à demi effacés qu'on voit au verso de ce

feuillet, sont ceux des manuscrits du XIII° siècle. C'est un morceau de la
légende de S. Étienne, écrit en latin.

Le sujet représenté s'explique par ce passage de la Vie de Mon-
seigneur Sainct Hierosme, imprimée à Paris en 1541, in-4°:

*„Dieu envoia audict Sainct Hierosme ung grand lion sauvaige du desert,
qui veint au monastère, blessé au pied, présents les moynes, lisants la collation;
dont aucuns furent si effrayez qu'ils prindrent la fuyte. Mais Sainct Hierosme
comme à un hoste, sans crainte, alla audevant de luy: lequel luy monstroit sa
pate blessée. Lors S. Hierosme regardant le pied du lion, trouva qu'il estoit
blessé d'une grosse espine qui estoit dedans, feist laver la playe, mist dessus
medecine: par telle manière que le lion en brief temps fut guary, devint prive
comme ung petit chien, et demoura avec les moynes audict monastère (à Bet-
léhem) etc."*

Les annalistes de l'église romaine (voy. Baronii Annal. à l'an 404 et
la Vie des Saints. Paris, 1724, in-fol. T. III, p. 413) désavouent cependant cette naïve histoire, qui, selon eux, n'aurait d'autre garant que l'auteur du Pré spirituel et serait arrivée non à S. Jérôme, mais à S. Gérasime,
abbé en Palestine. Ils relèvent en même temps une autre erreur commise
par les peintres qui, de tout temps, ont placé un chapeau de cardinal sur
la tête du Saint, bien que le cardinalat soit d'une institution postérieure
de beaucoup au V° siècle. Quoiqu'il en soit, le grand docteur de l'église,
en costume de cardinal et accompagné de son lion malade, est représenté
assis près d'un pupitre rempli de volumes et de rouleaux de manuscrits.
Au-dessus on remarque l'image de Jésus-Christ sortant à mi-corps du saint
ciboire et rouvrant ses plaies pour verser de son sang dans le calice. L'ar-
tiste indique ainsi la transsubstantiation comme sujet des méditations de
S. Jérôme.

Le style du dessin, l'arrangement des draperies à longs plis arrondis
et presque sans brisures, l'absence de toute idée de perspective et le pro-
cédé grossier de la taille ne laissent aucun doute sur l'âge de cette gravure. En la comparant aux plus anciennes pièces connues (la Sainte Vierge
au millésime de 1418, publiée, en 1845, par le Baron de Reiffenberg, et

le S. Christophe de Buxheim qui porte la date de 1423), on se convaincra facilement de sa priorité, non seulement à l'égard de la première gravure, dont le style est en contradiction évidente avec le millésime de 1418, mais aussi à l'égard de la seconde où l'indication des parties ombrées, ainsi que l'expression des têtes dénotent déjà quelques progrès de l'art. Au reste, la gravure de S. Jérôme se rapproche de celle de S. Christophe d'une manière si frappante, même sous le rapport du format et de l'encre *), qu'elle pourrait bien être une production du même graveur.

Comme il y a beaucoup de dates erronnées dans les premières productions de la typographie, on s'est refusé à croire aux millésimes des deux premières gravures datées. Cependant leurs dates peuvent être exactes, sans être vraisemblables d'après les données insuffisantes que nous avons jusqu'à présent sur l'origine de l'art de la gravure. L'indice décisif pour fixer l'époque de ces images, comme de toute oeuvre d'art, sera toujours le style. Or le style de notre gravure, comme de celle de S. Christophe, est celui du commencement du XVe siècle, et pour ne laisser aucun doute à ce sujet, les mots qu'on y voit tracés à la main *(Sanctus Jeronimus et et leo ad eum rugiens ad pedes humilime venit)* sont d'une écriture qui appartient plutôt à la première qu'à la seconde moitié du XVe siècle.

Le filigrane du papier, autant qu'on peut le distinguer à travers la doublure de parchemin, paraît être une couronne surmontée d'une petite fleur en guise de croix. Cette marque est celle du papier de Nurenberg.

---

*) On sait que la gravure de S. Christophe, découverte, en 1769, par Heinecke, dans un vieux manuscrit de la chartreuse de Buxheim et conservée actuellement dans la bibliothèque de Lord Spencer (voyez le No. 1 du Catalogue de Dibdin), est imprimée avec une encre beaucoup plus noire que celle des premiers livres à images (la Bible des pauvres, le Miroir du salut etc.) qui parurent de 1440 à 1460; et c'est ce qui a contribué à rendre suspect son millésime. Pourtant le jugement devait moins porter sur la couleur de l'encre que sur sa solidité et sa composition. L'encre de notre gravure est noire, mais très-inégalement distribuée et, de plus, effacée en plusieurs endroits par le pinceau de l'enlumineur.

LE JUGEMENT DERNIER,

GRAVÉ EN BOIS VERS 1400, HAUTEUR 380 M., LARGEUR 270 M.

e livre où j'ai trouvé cette gravure, *Gratiani Decretum,* imprimé à Venise par Nicolas Jenson, 1477, in-fol. provient, comme le précédent, du couvent de Miechow et a été également acheté à Przeworsko. On y lit de la même écriture ancienne la note suivante:

Iste codex decretorum est comparatus in Przevorsko pretio decem florenorum per fratrem Michaelem ordinis Sacri Sepulcri ierosolimitani. Anno domini M°. cccc°. lxxx°.

Par son style et son exécution, cette planche paraît aussi ancienne que l'image de S. Jérôme; par sa composition, elle se rapproche, en quelque sorte, du jugement dernier dont Wohlgemuth et Pleydenwurff ont orné la Chronique de Nurenberg, publiée par Schaedel en 1493. Jésus-Christ, entouré de la Sainte Vierge, de S. Joseph et des douze apôtres, est assis sur un double arc-en-ciel. Le globe terrestre est sous les pieds du Sauveur. Une branche de fleur de lys et une épée se trouvent des deux côtés de sa bouche. Deux anges à trombonne occupent les coins supérieurs du tableau. La partie inférieure représente, au deuxième fond, un champ avec quelques fosses ouvertes, et sur le devant l'entrée du paradis et celle de l'enfer, sous la forme d'une église et d'un château-fort. Vers la première se dirigent: un empereur, un pape, un roi, un cardinal, un évêque, un chevalier et un bourgeois, conduits par un saint; vers l'autre, un diable escorte, à coups de massue et de fourche, un groupe composé d'un empereur, d'un pape, d'un bourgeois, d'un moine et d'une femme.

Le papier de cette gravure n'a ni marque d'eau ni pontuseaux.

JÉSUS-CHRIST A LA CROIX,

GRAVÉ EN TAILLE-DOUCE VERS 1466.

ette image est reproduite ici d'après une planche photographique de la grandeur de l'original. J'ai trouvé ce dernier, malheureusement mutilé par une main maladroite, dans le *Missale Olomucense*, imprimé à Nurenberg par Stuchs vers 1499, volume qui provient de la bibliothèque des comtes Zaluski.

La délicatesse du burin, le style du dessin ferme et savant, ainsi que l'arrangement des draperies et l'expression touchante des figures sont autant d'indices qui prouvent, à ne pas s'y tromper, que cette précieuse planche est gravée par l'un des plus anciens peintres-graveurs allemands, celui que l'on désigne habituellement comme le maître E. S. de l'an 1466, et dont les travaux, contemporains de ceux de *Martin Schöngauer* et de *Finiguerra*, touchent assurément de fort près à l'invention même de l'art de la gravure sur métal. Notre image du Christ n'a pas encore été comprise au nombre de ses oeuvres. La partie arrachée de la feuille contenait sans doute la figure de S. Jean l'évangéliste.

THESAURUS CURATORUM,

CALENDRIER XYLOGRAPHIQUE CALCULÉ POUR LES SEIZE CYCLES LUNAIRES DE 1455
A 1759, FOLIO PATENTE.

---

a Bibliothèque impériale doit les volumes les mieux con-
servés de toute sa collection d'incunables aux Bénédictins
de la Sainte Croix du Mont Calvaire (Kaleberg ou Lysa Gora
dans l'ancien palatinat de Sandomir); et c'est dans un de
ces volumes que j'ai découvert notre calendrier xylographique. Il était collé, à l'envers, sur le côté intérieur de
la reliure. La partie supérieure de la feuille manque; mais
le reste, que le fac-simile ci-à-côté représente à l'exception
des trois lignes finales, contient le texte explicatif en entier, ainsi que la
table des nouvelles lunes, des solstices, des lettres dominicales, de l'avent,
des calendes, des nones, du nombre des jours de chaque mois et des degrés
des signes du zodiaque, depuis le mois de Mars jusqu'au mois de Décembre, pour un cycle lunaire complet de dix-neuf années.

Comme la lecture de ce curieux morceau n'est pas sans quelque
difficulté, je donne ici le texte transcrit sans abréviations, mais en con-
servant l'orthographe originale:

*Quia tu scientiam repulisti, repellam te. Osee 4°. Ideo superiorem dili-
genter animaduertite figuram omnes qui artis computistice medullas optatis in-
telligere; priscorum | enim computistarum fructuosas sententias compendio re-
cludit. neque ut arbitror a quoquam experimentum reperiri valet brevius: quos
igitur ars oblectat | computistica, moneo, ne hanc diligentius intueri figuram*

2*

*quovis pacto praetermittant, legant attentius, ne nulla ejus certissima experimenta
dapmnose ignorent | et quia pretiosum est et admodum utile, praesens inuen-
tum laudabili non carebit nomine. Curatorum itaque thesaurus appellabitur.
date operam, circumspicite, ut | commentum istud quid sibi velit possitis
intelligere. Indicat enim certissime quae subscribuntur singula: primo aureum
numerum. 2° ciclum solarem. 3° literam dominicalem. | 4° annum bissextilem.
5° concurrentes. 6° Intervallum. 7° diem pasche, quo cognito alia festa mo-
bilia facile cognoscuntur. 8° nomina signorum, in quibus men- | ses incipiunt.
9° in quoto gradu incipiunt. 10° quot dies singuli menses habeant. 11° nonas.
12° kalendas. 13° literas initiales mensium. 14° adventum domini. 15° |
singulorum mensium perpetuas incensiones. 16° indictiones. 17° et ultimo equinoctia et solsticia solis. Pro praedictorum ampliori declaratione notandum primo,
quod | in qualibet tabule linea quid sit inquirendum, tytuli omnes lucide
demonstrant. verbi gratia linea in cuius summitate scribitur ciclus solaris, mo-
dum reperi- | endi ciclum solarem infallibilem ostendit. In cuius summitate
litera dominicalis ponitur, literam dominicalem reperiri edocet. et sic deinceps
iuxta tytulorum indicia diuersa | erunt inquirenda. Intelligendum 2° quod
aureus numerus sic invenitur: primo capientur anni maiores domini proxime
praeteriti in margine superiori et etiam laterali | positi. sub hijs clausulis R
dic unum anno 1400 vel 1500 et sic de alijis. deinde videbitur caute quis sit
numerus annis maioribus directe et immediate subordinatus, quo in- | uento
fiet ab eodem numerus. Hoc modo inuentus numerus quotuscunque sit, habebitur loco vnitatis, sequens secundum ordinem numeralem loco dualitatis et sic
. deinceps in | linea aurei numeri vel cicli solaris, donec anni minores domini
compleantur; aureus numerus vel ciclus solaris hos terminans habebitur pro
currentis anni | practica. 2° practicabitur in Indictione: post ciclum solarem
sequitur immediate litera dominicalis. si duo ponuntur in eodem spatio, annus
est bissext(ilis) | depost sequitur numerus dierum concurrentium. Aduertendum
3° quod aureo numero et ciclo solari inuentis, descendendum est perpendicula-
riter aureo n(umero) | anni currentis vsque ad lineam transuersalem, in cuius
principio ponitur ciclus solaris seu litera dominicalis currentis anni; cifera in
contactu illarum dua- | rum linearum posita interuallum anni illius notat;
numerus vero immediate in linea paschali sequens diem pasche representabit,*

quotas aprilis, si non fuerit | cancellatus, si vero cancellatus, ut sic 31 vel sic 29, quotas martii indicabit. Pro inferiori parte tabule, que est de mensibus et incensionibus, consideran- | dum est quod nomen signi directe et immediate sequitur mensem qui in ipso incipit. ut Januarius in capricorno 2us. gradus vero signi eodem modo sequitur, | ut post capricornum 202us, vt tytuli linea- rum indicant. Ad habendum cuiuslibet mensis incensionem capietis aureum nu- merum currentis anni descendendo per(pendi)- | culariter sub ipso vsque ad lineam transuersalem mensis, cuius incensionem quaeritis. in contactu illarum linearum quotam incensionis illius mensis inuenitis: si ve(ro repe)- | riatur nu- merus multiplex, ut sic ⅓ vel sic ⅔, tunc bina vice in illo mense erit incensio iuxta ciferarum indicia, vel sic °, tun(c incen)sio nulla (erit in illo mense) | Ad perpetuandum incensiones sciendum quod post 289 annos ab anno 1470 quelibet incensio anticipabitur ad vnum diem et (. . . . . add . . . .) | annos (. . . . .) deinceps sine errore. Pro aduentus domini inuentione adspicietis lineam que intitulatur litere iniciale(s mensium . . . .) | us, quam si sequitur A, aduentus incipietur in dominica ante Andreae, si vero J, ipso die Andreae, si P, in dominica post Andreae aduentus habebitur. eq(   ) | locis patent. Hec modica commenti declaracio studioso satis sufficiet, nec quem- quam huius figure fallent indicia, dum utilis ecclesie modo . . . .

Il résulte de cet exposé que le *Trésor des curés* est calculé pour les seize cycles lunaires de 1455 à 1759, car l'auteur nous avertit qu'après 289 ans, à compter de l'année 1470, les nouvelles lunes devaient être prises d'un jour plus tôt. On sait qu'après un cercle de dix-neuf ans, dans l'ancien calen- drier, les phases de la lune reviennent au même jour du mois, mais d'une heure et demie plus tôt, ce qui constitue, après seize cycles lunaires (ou 304 années), la différence d'un jour entier. Or si ces cycles durent s'ac- complir 289 ans après 1470, leur commencement s'établit quinze ans avant cette année, c'est-à-dire en 1455.

La question de savoir si la publication de ce calendrier eut lieu au commencement même des 304 années pour lesquelles il est fait, ou seule- ment vers l'année 1470, ne peut être décidée positivement. Cette dernière année est la huitième de son cycle, l'année 1455 la treizième du cycle précédent. Notre computiste a commencé sa table des nouvelles lunes par une colonne de chiffres qui ne correspond ni à l'une ni à l'autre, mais à une année qui occupe le quatrième rang du cycle. L'année 1466 étant la première de ce rang dans les seize cycles lunaires mentionnées, on pourrait donc avec grande probabilité en conclure que le *Trésor des curés* a vu le jour en 1465.

En ajoutant cette feuille au petit nombre des anciens calendriers xylographiques connus jusqu'à présent, ceux de Jean de Königsberg, imprimé à Nurenberg en 1473 et 1474, et celui de Jean de Gmunden, écrit en 1439, mais taillé en bois beaucoup plus tard, je crois devoir assigner à notre almanach la première place. Les deux autres, quoique taillés plus grossièrement, sont d'un travail trop compliqué et d'une étendue trop grande pour ne pas être rangés, chronologiquement, après le *Trésor des curés*. Celui-ci se distingue en général de toutes les pièces imprimées avec des planches de bois gravées, par le dessin particulier de ses caractères, ainsi que par le papier sur lequel il est tiré. La marque d'eau que l'on y voit, est une espèce de rosace dont je n'ai pas rencontré la pareille.

LETTRE D'INDULGENCE,

DE 1481.

---

ean de Cardona, bailli de l'ordre des hospitaliers de St. Jean de Jérusalem, fut autorisé par le pape Sixte IV. et par le grand-maître de l'ordre de faire vendre des indulgences pour subvenir à la défense de l'île de Rhodes contre les Turcs. Une des nombreuses lettres distribuées à cet effet, s'est conservée en entier dans une vieille reliure, apportée d'un couvent de Pologne à St.-Pétersbourg et je l'offre ici en fac-simile à l'examen des connaisseurs. En la comparant à celles, datées de 1454 et 1455, que M. Pertz a publiées dans son excellent traité (Über die gedruckten ablassbriefe von 1454 und 1455; aus den abhandlungen der k. akademie der wissenschaften zu Berlin, 1856) et dont il attribue l'une à Gutenberg, l'autre à Pfister de Bamberg, on trouvera que la nôtre se rapproche évidemment de la seconde espèce par les gros caractères des titres [les lettres de forme]. Serait-elle par conséquent imprimée à Bamberg? Je ne le crois pas; et cette grande ressemblance non seulement des types, mais aussi de la composition m'est un indice de plus pour me convaincre que de toutes les lettres d'indulgence que l'on connait jusqu'à présent, quelle que soit leur date ostensible, aucune n'a pu être imprimée dans le premier âge de la typographie. Elles sont trop habilement exécutées pour cela et ressemblent trop à tous les petits traités publiés en Allemagne vers l'an 1480. On conçoit du reste que, dans des documents de ce genre, les dates n'ont pas absolument une valeur historique, puisque nous savons que les indulgences furent ordinairement plus d'une fois confirmées après l'expiration de leur premier terme. On assure même que celles actuellement en usage, sont d'ancienne date. Enfin ce qu'il y a de sûr, c'est qu'avant 1480 on ne connaît pas d'autres lettres d'indulgence imprimées *) que celles avec la date de 1454 et 1455, et que celles-ci seules entre toutes n'ont pas l'aspect des imprimés de leur époque. Des bibliographes comme PANZER, ARETIN, SERNA-SANTANDER et HAIN l'ont senti avant moi, et c'est une chose incroyable qu'après eux on ait pu s'égarer encore jusqu'à vouloir faire passer pour xylographique une de ces lettres d'indulgence.

La nôtre est imprimée sur papier sans marque; elle porte encore la trace d'un sceau en cire, mais le jour et le mois ne sont pas indiqués en leur endroit. Le nom de l'acquéreur a été aussitôt effacé qu'écrit. Les types sont d'une espèce très répandue à cette époque en Allemagne.

Deux fragments de lettres d'indulgence datées de 1482, sont tombés entre mes mains de la même manière. Ils ont cela de remarquable que tous deux offrent le même texte imprimé mot pour mot et avec les mêmes types, mais avec une justification différente; ce qui prouve que l'on avait composé une double *forme* pour tirer en peu de temps un grand nombre d'exemplaires. FISCHER, dans l'ouvrage ci-dessus cité, a fourni la preuve d'une procédure semblable à l'égard d'une lettre d'indulgence de l'an 1480.

---

*) LABORDE (Nouvelles recherches sur l'origine de la typographie. Paris, 1840, gr. in-4°. page 28) cite une lettre d'indulgence de l'an 1463 d'après FISCHER (Typographische Seltenheiten. Nürnberg, 1804, VI. page 39) mais c'est par erreur. Fischer parle de la *Bulla cruciata* imprimée par Fust et Schoeffer sur 5 ff. in-fol.

FEUILLET DU PREMIER MISSEL DE BRESLAU,

IMPRIMÉ A MAYENCE PAR P. SCHOEFFER, 1483, gr. in-Fol.

ette édition est peu connue. On l'avait confondue avec le missel du diocèse de Mayence. HAIN, dans le doute, s'est abstenu de la citer dans son «Repertorium bibliographicum saec. XV.» La Bibliothèque impériale de St. Pétersbourg en possède cependant un excellent exemplaire, sur papier, qui a appartenu autrefois aux religieuses de Trebnitz, et outre cela 2 feuillets en vélin de la même édition, qui ont servi de reliure à un livre du XVIe siècle. J'ai choisi pour le reproduire ici le commencement du grand canon de la messe, à cause de la belle initiale qui fait le pendant de celle dont Schoeffer a orné son merveilleux psautier de 1457. Ces grandes lettres furent taillées en deux pièces de bois qui s'adaptaient l'une dans l'autre pour être imprimées tour à tour en rouge ou en bleu.

FEUILLET DU PREMIER MISSEL DE CRACOVIE,

IMPRIMÉ A MAYENCE, PAR P. SCHOEFFER, 1484, gr. in-Fol.

lusieurs exemplaires, mais un seul complet, de cette édition inconnue aux bibliographes, se trouvent dans la Bibliothèque impériale de St. Pétersbourg. On en voit ici en fac-simile la souscription avec date. PANZER avait connu de la deuxième édition du même missel, imprimée en 1487, un seul exemplaire dans la bibliothèque de Lemberg, qui depuis a été détruite entièrement par le bombardement de la ville.

Bien d'autres livres encore du XV* et du commencement du XVI* siècle échappés jusqu'à ce jour aux investigations des bibliographes, ont trouvé leur place d'honneur dans notre salle des incunables. Je n'en citerai ici qu'une partie:

1. *Missale Andegavense*, imprimé entièrement sur vélin, vers 1480, en lettres de somme, sur 2 colonnes.

2 et 3. Deux *Psautiers* imprimés, par *B. Gothan*, l'un 1481 à *Magdebourg*, l'autre 1490 à *Lubec*, in-fol.

4. *Missale Olomucense, Norimbergae*, par *G. Stuchs*, avant 1499, in-fol.

5. *Missale Gnesnense et Cracoviense, Moguntiae, P. Schoeffer*, 1492, in-fol.

6. *Psalterium Vladislaviense, Cracoviae,* imprimé par *J. Haller,* vers 1510, in-fol. sur vélin.

7. *Agenda ecclesiae cathedralis Cracoviensis latino et vulgari sermone, Polonico videlicet et Alemanico illuminata.* *Cracoviae, J. Haller,* 1504, in-8° sur vélin.

8. *Officium beatae Mariae virginis.* *Moguntiae, P. Schoeffer* junior, 1518, in-fol.

9. *Breviarium juxta ritum predicatorum.* *Venetiis, Lucanton.* *Junta,* 1508, in-4°, orné de gravures marginales.

10. *Manuale seu exequiale secundum ritum ac consuetudinem almae ecclesiae Aboensis.* 2 ff. de vélin in-4°, fragment d'une édition dont on a découvert encore quelques autres feuillets à Helsingfors.

11. Les éditions suivantes des *Heures de la sainte Vierge,* imprimées à Paris, la plupart sur vélin avec des initiales peintes et des gravures enluminées en miniature:

    a) *Heures à l'usaige de Paris.* Avec la marque de *G. Hardouyn.* Almanach de 1519 à 1530. In-8°. Édition remarquable à cause des types, qui sont *lettres de forme,* communément appelées *gothiques.* [BRUNET ne distingue que ces dernières et les *lettres rondes* (latines ou romaines), et sa Notice spéciale sur les livres d'Heures porte même le titre *Heures gothiques,* quoique presque tous ces livres soient imprimés en *ancienne bâtarde* (imitant l'écriture demi-ronde de leur temps) ou en *lettres de somme* (types allemands du XV° siècle). —]

    b) *Heures à l'usaige de Rome,* imprimées pour *Germ. Hardouyn,* par *P. Vidoue.* Almanach de 1520 à 1530. In-16° oblong de 88 ff. sign. a-l. En ancienne bâtarde.

    c) *Hore beate Marie virginis,* imprimées par *Germ. Hardouyn.* Almanach de 1526 à 1537. In 8°, en ancienne bâtarde.

3*

d) *Hore* etc. Par *Gillet Hardouyn.* Almanach de 1508 à 1520. 8 Mars, 1509, pet. in-4°. Avec la figure de Déjanire pour emblême; en ancienne bâtarde.

e) *Hore secundum usum Sarum* (Salesbury). Pour *S. Vostre* par *Nic. Higman.* Almanach de 1512 à 1530. In-4° de 120 ff. en ancienne bâtarde.

f) *Officium beate Marie virginis ad usum Sarum.* Pour *S. Vostre.* Almanach de 1512 à 1530. In-8°, en lettres de somme.

g) *Horae ad usum Autissiodorensium* (Auxerre) impresse. *Parisii* (sic) per *Philippum Pigouchet* pro Magistro *Johanne Dubois,* anno 1495. In-8°, en ancienne bâtarde.

h) *Hore beate Marie.* Le dernier feuillet porte cette inscription: Impressorem in vico divi Jude commorantem lauda: qui hoc opus Parisius (sic) impressit: sumptibus *Nicolai Vivien* librarii jurati. 1511. 21. Decemb. In-8°, en lettres de somme.

i) *Hore virginis intemerate secundum usum Romanae ecclesiae.* Avec la marque de *Guill. Le Rouge* et cette souscription: *Apud Parrhisios par Guillermum Le Rouge.* In-12°, en lettres rondes.

k) Exemplaire formé de deux éditions différentes de manière que les premiers et les derniers cahiers appartiennent à une édition de *Vostre* (avec l'almanach de 1503 à 1520) que BRUNET n'a point connue, tandis que les cahiers du milieu sont pris dans l'édition de *Godard* (avec l'almanach de 1514 à 1530). In-8°, en ancienne bâtarde.

12. *Henrici de Vrimaria Praeceptorium.* Édition d'une des premières presses de Cologne, in-fol., sans date.

13. *Des Leben der zelygen frawen Dorothee clewsenerynne yn der thumbkyrchen tzu Marienwerdir des landes tzu Prewssen.* A la fin, on lit: *Gedruckt vnde volendit in der stat Marienbork durch mich*

Jocop Karweysze goltsmyd. den dingstag nach Gregory alsz man tzelete. MCCCC. unde CXII (au lieu de XCII). *Lob sey gote.* Pet.-in-8°. Unique exemplaire qui existe du premier livre imprimé en Prusse.

14. *Kanuti expositiones legis Danicae. Ripis*, 1504, pet.-in-4°.

15. *Speculum effectus humanae patientiae.* Imprimé pour glorifier l'empereur Maximilien Ier et son petit-fils Charles, vers 1518, à *Anvers*, par *J. de Gheet*, petit-in-fol. avec gravures en bois et chants notés.

16. *Seven suverlike cranskens.* A *Anvers*, chez *H. Eckert van Homberch*, in-12°, en petites lettres de forme.

17. *Le Vergier amoureulx.* A *Paris*, chez *Gaspar Philippe*, folio-patente, ayant pour marque les armes du pape Jules II. (1503—1513), avec figures en bois représentant l'arbre des vices et l'arbre des vertus.

18. *Guil. de Deguilleville. Le pelerinaige de la vie humaine.* Petit-in-8°, imprimé vers 1520, avec gravures en bois.

T A B L E.

TEXTE:

PLANCHES:

Imprimerie de F. A. Brockhaus à Leipzig.

SAINT JÉROME VISITÉ PAR UN LION.

LE JUGEMENT DERNIER.

JÉSUS-CHRIST À LA CROIX.

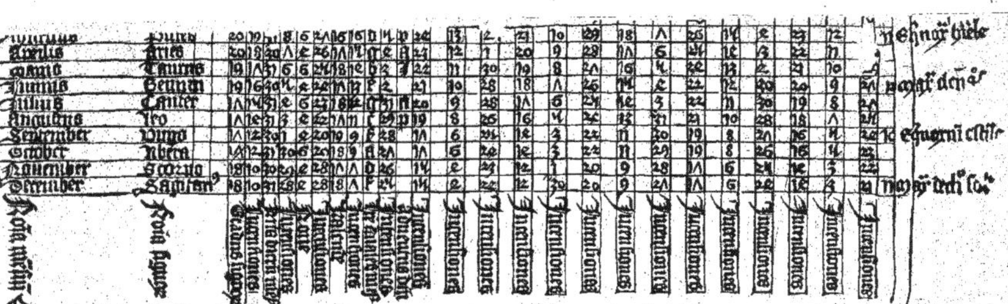

Rota mensium	Rota signorum	Gradus solis	Inuentiones aurei numeri	...	Coniunctiones	Oppositiones	Inuentiones	Inuentiones	Inuentiones	Inuentiones	Inuentiones	Inuentiones	Inuentiones	Inuentiones	Inuentiones	Inuentiones	Inuentiones
[illegible]	[illegible]	[illegible]	[illegible]	[illegible]	[illegible]	[illegible]	[illegible]	[illegible]	[illegible]	[illegible]	[illegible]	[illegible]	[illegible]	[illegible]	[illegible]	[illegible]
Aprilis	Aries	[illegible]	[illegible]	[illegible]	[illegible]	[illegible]	[illegible]	[illegible]	[illegible]	[illegible]	[illegible]	[illegible]	[illegible]	[illegible]	[illegible]	[illegible]
Maius	Taurus	[illegible]	[illegible]	[illegible]	[illegible]	[illegible]	[illegible]	[illegible]	[illegible]	[illegible]	[illegible]	[illegible]	[illegible]	[illegible]	[illegible]	[illegible]
Iunius	Gemini	[illegible]	[illegible]	[illegible]	[illegible]	[illegible]	[illegible]	[illegible]	[illegible]	[illegible]	[illegible]	[illegible]	[illegible]	[illegible]	[illegible]	[illegible]
Iulius	Cancer	[illegible]	[illegible]	[illegible]	[illegible]	[illegible]	[illegible]	[illegible]	[illegible]	[illegible]	[illegible]	[illegible]	[illegible]	[illegible]	[illegible]	[illegible]
Augustus	Leo	[illegible]	[illegible]	[illegible]	[illegible]	[illegible]	[illegible]	[illegible]	[illegible]	[illegible]	[illegible]	[illegible]	[illegible]	[illegible]	[illegible]	[illegible]
September	Virgo	[illegible]	[illegible]	[illegible]	[illegible]	[illegible]	[illegible]	[illegible]	[illegible]	[illegible]	[illegible]	[illegible]	[illegible]	[illegible]	[illegible]	[illegible]
October	Libra	[illegible]	[illegible]	[illegible]	[illegible]	[illegible]	[illegible]	[illegible]	[illegible]	[illegible]	[illegible]	[illegible]	[illegible]	[illegible]	[illegible]	[illegible]
Nouember	Scorpio	[illegible]	[illegible]	[illegible]	[illegible]	[illegible]	[illegible]	[illegible]	[illegible]	[illegible]	[illegible]	[illegible]	[illegible]	[illegible]	[illegible]	[illegible]
December	Sagittarius	[illegible]	[illegible]	[illegible]	[illegible]	[illegible]	[illegible]	[illegible]	[illegible]	[illegible]	[illegible]	[illegible]	[illegible]	[illegible]	[illegible]	[illegible]

Quia tu lector in publica compella te ore et pectore superiore diligenter animaduertite figuram omnes qui artis et operis huius medullas captans Intellige priusquam cum instanti sanctu olas sententias compendio includit. neque ut arbitror, a quocunque experimenti ipsarum valet breuius: quos igitur artis obseruat diligentius intueri figuram hinc pacto perminutae legentur artes. ne nulla eius certissima experimenta tempore se ignorata et quin facilis est et admodum utile prius inueni laudabili non carebit usu. Curator ita quod thesaurus appellabitur dare operas principibus ut gnauiter tendo quod sibi uelis possint intelligere. Iudicaturum certissime quod subicebitur singula a: primo anni meta, secundo ciclus solaris, tertio litterae dominicales, quarto anni bissextilem, quinto aureus, sexto intervallum. septimo diem pasche quo generantur alia festa mobilia sanie cognoscitur octavo nomina signorum in quibusque desinant, nono in quoto gradu ipsarum, decimo quod dies singuli in mensibus habent, undecimo nonas et kalendas, duodecimo litteras feriales in serie mensium, tertiodecimo aduentum domini, quartodecimo singulorum mensium penas in serie loures, sextodecimo iunctiones, septimodecimo et ortu uario equinoctia et solstitia solis. Posteaque amplior delectatione nondum primo in aliis que tabule linea quid sit ingrediundi typulis omnes lineae demonstrati et uerbi gratia linea ut die summitate sedet uenus solaris mobilis i per eundi cuius solarem in albis illo ostendit. In quo summitate litera dominicalis primo litteram dominicae separat eandem. et sic deinceps iuxta typulis locum incitatis existit in gradu. Intelligendum et que animo ante sic litis puo caput anno maiores domini pene fuerit inueniri superior et eum ad altari primo sub huius litteris huius die unam anno 1800 vel 1700 tunc cum de aliis. deinde inuenisti utique quia sit utile anno in memoriis directe et immediate sub ordinatione, quo meditanti fuit ab eodem unde. etiam modo multis unius quotidianitatis sit, habebis loco unitatis, sequens lectio ordinem in iale loco dualitatis et deinceps numerum aurei numeri uel ciclis solaris, deinde numeros domini copulatur aureus numeri ut cladus solaris his inicius habebis per turbinis rum practica secunda practica huius in iudicio quod. Post numeri solarem sequi immediate litera dominicalis in que ad poscere in eorum spacio huius sub ultra exposito sequitur unus diem generum meum. Aduertendo tertio quod aureo numero et ciclo solari numeras descendendo et suspendi circa ab aureo in cum currentis usque ad lineam transumale cum. numero in principio poscere huius solari in suo semitam dominica numeris a numeri altera in gradu illo in quod. natura litterae postea inter illum aut illo notabit uterque uero in amatie linea pascali sequitur dies pasche ipse sequitur. quota similia si prima anno experimentari si uero cancellares ut sic aut vel si ex que quorumque manu indicaret. In inferior per tabule que est in mensibus et in illis hominis in diem id est quod nomen signi directe et immediate sequitur meus id in ipso incipit. ut Ianuario tu capricornus vigesimo nono gradus uero dignus eodem modo septimae decimae capricorni 2022 ut typis hic lineas in diem. Ad habendum mensibus necessarium meditatione in ipsis aurei numeri currentis anni descendunt uniter sub ipso ut uis ad huius ecclesialem necessario temporibus quinto in gradu illarum huius quota meditatio illo [illegible] iusticia: si ornatur uel unus multiplicet ut sic aut vel si aut bona uel illa meta et unica sic uncta altera aut dona uel fructo [illegible] est mille. Ad perpetuando rectificans faciendum quod primo et secundo fingo ab uno et uno et uno quidem in celo antiquabit ad uno diem.

VI

Frater Johannes de Cardona ordinis hospitalis sancti Johānis iherosolimitani baiuliu⁹ maioricen Reuerēdissi/mi vīi mgri ⁊ sacri Cōuēt⁹ Rhodi locūtenēs ac Cōmissari⁹. A sctissimo. ī xpo pāe ⁊ dīo nostro dō/mīno Sixto diuina puidentia papa quarto Vigoie lrāp suap p expeditōe ɔtra pfidos turchos xpiani nōis hostes ī defensiō/nē Insule Rhodi. ⁊ fidei catholice facta ⁊ faciēda p vniuersū oibē ɔcessax. ad infra scpta deputat⁹ dilect nobis ī xpo —— Salutē ī dīo sempitnā. Prouenit er tue denotōis affectu. quo Romanā ecclaz Reuereris ac hūic scē/⁊ nccāriē expedito grati Rebois ⁊ liberalē /ut petitoes tuas Illas pfertis. q̄ ɔscie pace ⁊ aīe tue salutē respiciūt/ ad exauditōis grām admittam⁹. Hinc ē q̄ nos tuis denotis supplicatōibus inclinati /tibi vt alique ptoneū ⁊ discretū pſbiterp seculare/ vel cu/iustuis ordis Reglarē /t tuū possis eligere ɔfessore. qui ɔfessiōe tua diligent audita. p ōmissis p te quibusuis criminibus. excessi/bus. ⁊ delicris quātūcūq̄ grauibus. ⁊ enormibus. etiā si talia fuerit ppt q̄ sedes aplica sit quouis modo merito ɔsulēda. Inicaōīf manui in epm / vel supiorē /ac libertatis ecctastice offēse. seu ɔspiratōis ī psonā. aut statū Romani pōtificis. vel cuiusuis of/fense. inobediētie. aut Rebellionis sedis eiusdē ac pſbitericidij casibus dūtaxat exceptis. In refuatis semel tn̄ in alijs vero nō re/fuatis /totiēs quotiēs durāte vita tua fuerit oportunū Debitā absolutōem impētere et pīnam salutarē iniūgere ac oīm petōp tuop de quibus corde ptri ⁊ ore ɔfess fueris. semel in vita. et semel in mortis articulo. plenariā remissiōem et indulgentiaz oimodā auctoritate aplica tibi pcedere possit /dicta auctoritate. qua p ipſ⁹ lrās sufficiēti facultate muiri fungimur. in hac pte indulgem⁹ In quop fidē bas nrās lrās sigilli nostri quo t talibus vtimur impssiōe muitas fieri Iussim⁹ atq̄ mādauim⁹. Dar/tū die ———— Mensis · ———— A ino dīi Millesimo quadringentesimo octuagesimoprimo,

· Forma absolutionis · :·

Misereat tui ꝛc. Absolutōem ꝛc. Dns noster Ibūs xps p suā pissimā miam te absoluat. et ego anctoritate eiusdē et brōp Pe/tri ⁊ pauli aptop ei⁹. ac scissimi dīi nostri pape mihi ōmissa et tibi ɔcessa. absoluo te ab ōm̄i vinculo excōicatōis. Ac alijs cē/sutis ecctasticis. si incidisti. Ab oibusquoq̄ petis tuis cruminibus excessib⁹ et delictis quātūcūq̄ grauibus et enormibus eniaz sedi apostolice refuatis. iuxta apftce indulti tenore Dado tibi plenariā remissiōz oiū petōp morū. ⁊ restituo te gremio ⁊ vnioni scē nrīs eccle. et eiusdē sacramīs In nose patris et filij et spūssancti Amē

Pro simoniacis post punctum Cab omni vinculo excommunicationis ꝺ addatur.

Et a simonie labe ac censuris quas inde Incurristi et dispenso tecū sup irregularitatibus incursis. abolendo a te omnē ꝙcabilt ratis et infamie maculam inde sequutam.

Et nota q̄ in mortis articulo adiungenda est hec clausula /

Si tū ab hac egritudie nō decesseris. plenariā remissiōz et indulgētiā. eātē auctoritate ī mortis articulo tibi pferēdā referua.

LETTRE D'INDULGENCE, DE 1481.

FEUILLET DU PREMIER MISSEL DE BRESLAU,
IMPRIMÉ A MAYENCE, PAR P. SCHOEFFER.

Cū in dioreſ Cracouiēſū eſſet
magna penuria emendatorū
codicum miſſalium ſcdm oꝛ‑
dinatōem(ꝫ ut vulgo dicū ru‑
bricam)ecdeſie Cracouienſis
iſdēꝫ magna ex parte coꝛru‑
pti at deprauati eſſent. Reue‑
rendiſſimus dominus dāis Jo
hannes Gꝛeſowſkij memoꝛa
te ecdeſie epiſcopus animad‑
uertens officii ſui eſſe eiuſmo‑
di penurie occurrere atꝫ pꝛo‑
uidere: ut ex facili codices quā
emendatiſſimi haberi poſſent
puideꝫ in eā re intendēs ut et
optime emendarēnur ꝫ emēda
et imprimerētur curauit. Ex

auctoritate itaꝫ et iuſſu ſuo
pſeus opꝰ miſſaliū ſedm ru‑
bricā ecdeſie Cracouienſis ta
ſtigatū atꝫ emendatū prius
Impreſſum p petrū ſchoiffer
de gernßhepm in nobili ciui‑
tate Moguntina hutus impreſ‑
ſorie artis inuētrice elimatrice
qꝫ pruna. Anno incarnatōis
dūice milleſimoquadringen‑
teſimooctoageſimoquarto
trima die nouembris felinter
eſt conſummatum.

IMPRIMERIE DE F. A. BROCKHAUS A LEIPZIG.